सफ़रनामा

A journey of poems

Aditi Gupta

BookLeaf Publishing
India | USA | UK

Made with ❤ on the BookLeaf Publishing Platform
www.bookleafpub.in
www.bookleafpub.com

Dedication

मेरे माता-पिता को,
जिन्होंने मुझे जीवन की सरलता और उसकी सुंदरता देखना सिखाया।
ये उनके लिए है जो एक उलझे धागे का आखरी छोर ढूंढ रहे है

Preface

ये कविताएँ, मैंने आज तक जैसे दुनिया को देखा और समझा है, उसका ही एक शब्दों का मेला हैं। जैसे मम्मी-पापा ने हमेशा मुझे ज़िंदगी की सरलता और छोटी-छोटी चीज़ों का महत्त्व समझाया, वैसे ही ये कविताएँ भी ज़िंदगी की सहजता और खूबसूरती का एक रूप हैं।

इन पंक्तियों में आपको अपने अनुभवों की झलक मिल सकती है। आशा है, ये कविताएँ आपको न केवल सुकून देंगी, बल्कि यह भी याद दिलाएँगी कि जीवन के छोटे लमहों में भी कितनी बड़ी खुशियाँ छुपी होती हैं।

Acknowledgements

इस किताब को एक सच बनाने का श्रेय जाता है मेरे माता पिता को जिन्होंने हमेशा मुझे कुछ अछा लिखने की प्रेरणा दी, मेरी सारी अध्यापकों को और मेरे दोस्तों को!

साथ ही हर अस यात्री का धन्यवाद जो अब मेरे इस कविताओं के मेला पढ़ने और समझने आया है

1. नादानी

हम इंसान भी कितने नादान है ना
यू तो एक दिन को अंधेरे और उजाले मे बाट दिया है
लेकिन फिर भी शाम के ढ़लते सूरज मे सुकून ढूँढते
और दोपहर के शोर मे खामोशी
रात के अंधेरे मे तारों की रोशनी को परखते
और दिन के उजाले मे है सिमटते

हम इंसान भी कितने नादान है ना
जिंदगी की हर चीज़ ब्लैक या व्हाइट है
लेकिन फिर भी स्लेटी रंग की बात है करते
हर पल हर वक्त़ चीजों को तौलने मे गुमसुम रहते
लेकिन आपने ऊपर के बोझ को नकारते
क्या जिंदगी हाँ और ना के अलावा कुछ नहीं?
क्या जिंदगी चित वह पट के अलावा कुछ नहीं?
क्यु हर चीज़ का मोल निकालना है जरूरी?
जब जिंदगी मे सफेद और काले के अलावा bhi रंग है कई
तो क्यु हर परिस्थिति का सही गलत तेह करना है ज़रूरी?
जब हम ठहर कर फ़ैसला कर सकते है कभीं
क्यु हर दिन की रात का इंतजार है ज़रूरी?
जब हम शाम के नए रंगों मे ढल सकते है कहीं
क्यु हर सवाल का जवाब ढूंढना है ज़रूरी?
जब इस पल मे खो सकते है हम अभी

2. यादो का मोल

हजारो गाने तो है सुनने के लिए
लेकिन बार बार ढूँढती हू सुकून उस एक धुन मे
वो धुन जो तुम्हारे साथ सुन हँसाती
वो धुन जो तुम्हारे जाने पे सताती
पहनने के लिए चाहे लाख कपड़े खरीद लू
लेकिन हाथ के उस बुने स्वेटर मे अपना बचपन ढूँढती हू
वो स्वेटर जो कभी चुभता था
आज वही स्वेटर नानी की याद है दिलाता
सोने के ज़ेवर मुझे भाते नहीं
क्यूंकि उसके दिए झुमके की खनक है मेरे दिल मे बस्ती
वो झुमके जो मैं हर वक्त़ थी पहनती
वो झुमके जिनके टूटने पर भी अपने पास थी रखती
कहते तो सब है कि बदलाव है ज़रूरी
कहते तो सब है कि बनावटी चीज़े असली सुख नहीं
लेकिन इन्हें कौन बताये जो चला गया, उनकी याद है इनमे बस्ती

3. कोरे पन्ने

कोरे पन्नो को अपनी स्याही से रंग जाने दो
आख़िर कब तक इन्हें सहज के संभालोगे
अपनी आवाज़ को उस कलम तक पहुचने दो
इस शब्दों की लुका चुप्पी मे कब तक खुद को खुद से छुपाये रखोगे?
कब तक अपने दिल के बोल सवारोगे तुम?
क्या तुम डरते हो?
की ये पन्ने तुम्हारी बातों के वफ़ादार नहीं
या फिर इनको सताने से घबराते हो?
एक कदम तुम बढ़ाओ,
क्या पता ये पन्ने तुम्हें दौड़ने की आशा देदे
क्या पता ये तुम्हें, तुम से ज़्यादा समझे
खुद को इस डर से आज़ाद करके तो देखो
क्या पता ये पन्ने, तुम्हारा दुनिया से लुका चुप्पी खेलने का आसरा बन जाये

4. जिंदगी के मुखड़े

अगर कभी वक्त़ मिले तुम्हें,
तो एक झरने को दूर खड़े
ध्यान से सुनना तुम
सुनना उसका शांत शोर
सुनाई देंगे तुम्हें उसकी कहानी के कई छोर

अगर कभी वक्त़ मिले तुम्हें
तो आंख बंद कर मेहसूस करना उसे
मेहसूस करना उसके सफर के मोड़
मेहसूस करना उसका उछलता क्रोध

अगर कभी वक्त़ मिले तुम्हें
तो उसके सूखने पर ढूंढना उसे
मिलेंगे तुम्हें छुपे हुए उम्मीदों के झरने
मिलेंगे तुम्हें उसके शोर के कई मुखड़े

अगर कभी वक्त़ मिले तुम्हें
तो कुदरत के हर चेहरे को परखना ध्यान से
और समझना,
की जिंदगी का हर मोड़ बस एक नया मुखड़ा है
और तुम्हें बस उसे मेहसूस कर आगे बढ़ते जाना ह

5. बिन मौसम बारिश

क्या कभी बारिश मे भीगे हो तुम?
क्या कभी घंटों उन बूँदों को गिरते हुए देखा है?
क्या कभी बारिश से थक हार कर गुस्सा किया है ?
या कभी बारिश के साथ रोये हो तुम?
क्या तुमने ये सोचा है कि कुदरत की इस एक क्रिया से,
इंसान के कितने भाव जुड़े है
कभी ये किसी कविता का विषय है
तो कभी किसी की ज़ुकाम का कारण
कभी चाय पकौड़े खाने का बहाना है
तो कभी घर जल्दी पहुचने मे वारण
बारिश आती बेवक्त़ है
लेकिन उसके और तुम्हारे वक्त़ मे जो फर्क़ है,
उससे तेह कर देते हो तुम उसका आचरण
तो अगली बार कुछ कहने, कुछ करने से पहले जरा वक्त़ लेना
हो सकता है कुछ वक्त़ अभी देने से, आने वाला वक्त़ तुम्हारा हो जाये

6. मैं तैनूं फ़िर मिलांगी

एक गुलाब की पंखुड़ी है जो शायद अल्फाजों के बीच धूल खा रही है
वो अल्फ़ाज़, जो शायद अमृता ने इमरोज के लिए लिखे थे
अस गुलाब मे एक खोयी खुशबु है
खुशबु है बेइंतिहा मोहब्बत के इत्र की
वो इत्र जो समाज के लिए अवांछित था
अस इत्र को महसूस करते हुए कहीं खो ना जाना
और अगर खो गए, तो साहिर के दिए ज़ख्मों की गली मे ना आना
ये गली खूबसूरती का टूटा कांच है
जिसपर प्यार की पुताई करने मे इमरोज का काफी वक्त़ बीत गया
इस गली मे रंग तो इमरोज ने भरे
लेकिन यहा चारो और एक ही बोली गूंजती
मैं तैनूं फ़िर मिलांगी, मैं तैनूं फ़िर मिलांगी

7. एहसास

अगर तुम मुझसे पूछो की प्यार क्या है
तो मैं कहूँगी मुझे नहीं मालूम
तुम कहते हो कि एक दूसरे के अल्फाजों मे घंटो बिताना है प्यार
तो क्यु कवी उसे सुकून भरी चुप्पी बताते है?
तुम कहते हो कि कसमें वादों की डोर है प्यार
तो क्यु लोग कहते है कि गांठों की डोर से जिंदगी नहीं चलती
तुम कहते हो कि फुलो की खुशबु मे बस्ते है प्यार के खत
तो क्यु आज कल एक स्वाइप मे ढूँढते है लोग प्यार
इन परिभाषाओं की गुत्थी मे मेरे पास "क्या है प्यार" का जवाब तो नहीं
क्यूंकि मेरे लिए प्यार एक खूबसूरत एहसास है
वो एहसास जो मुझे गुलदस्ते मे नहीं, पर नीचे नीचे गिरे चम्पा मे मिलता है
वो एहसास जो मुझे एक पुरानी किताब की याद दिलाता है
वो एहसास जो एक पन्नों मे दबे मुरझाए फुल को देख मुस्कुराने मे मिलता है

8. मुझे घर जाना है

मुझे घर जाना है
हम अक्सर यह कहते है
लेकीन फिर भी बंजारेपन मे अपना सुकून ढूँढते
क्या सिर्फ चार दीवारी है घर?
तो फिर क्यु बक्सों मे बंद हम घुटते है?
क्या आलीशान बंगले है घर?
तो फिर क्यु उस बंगले की चुप्पी अकेलेपन का एहसास कराती है?
ये ईंटों - सीमेंट की जुगलबंदी कहने को एक ढ़ांचा हैं
इस जुगलबंदी की ताल तुम तय करते हो
क्यूंकि एक टपकती छत्त मे भी एक परिवार खुशी ढूंढ लेता है
और सोने के महल होने के बाद भी लोग अक्सर फिसल जाते हैं

9. फूलो की क़ैद

मुझे फूल भाते नहीं
गुलदस्ते में सजे ये फूल मुझे हसाते नहीं
गमले में लगे गुलाब की कलिया, डराती है मुझे
की कहीं इसकी क़ैद की सज़ा, इसके काटें मुझे ना देदे
की कहीं मुझसे रूठ कर ये मुरझा ना जाये
लेकिन एसा नहीं की मुझे फूलो से परेशानि है
बस इनके इस क़ैद रूप से मुझे डर है
डर है की इस क़ैद के चलते, तुम इसकी ख़ूबसूरती इनके घर में ना देख पाये
डर है की इनकी जिंदगी के बदलते मोड़ सहरी धूल में ना मीट जाये
डर है की इनकी मुरझाई कालिया,मिट्टी में दफ्न होने के बजाए, शहरी सड़को पे ना कुचली जाए
डर है की आईएस क़ैद के शिकार,फूलो के बाद तुम्हारा-मेरा हुनर ना हो जाए

10. खतो का दौर

ये पन्ने इंसानों सें ज़्यादा ताक़त रखते है
ये पन्ने तुम्हरे मेरे शब्दों का हिसाब रखतें है
खुशी के लफ़्ज़ लिख दु, तो इनकी शान बढ़ जाये
दुख के मुखड़े इन्हें आसुओ में बहा ना जाये

ये पन्ने तुम्हारी बाटो के वफ़ादार भी है
और तुम्हारी धरोहर भी
इनपे किसी ख़ास के लाफ़्ज़ खतो के रूप में उतर आए तो है ये तुम्हारी रूह भी

इस रूह को कही खो ना जाने देना
इस धरोहर को कहीं दफ़्न ना होने देना
आज पढ़ा था मैंने अख़बार में
की एक दौर का अन्थ लिखा जा रहा है
इन पन्नो के एक रूप को अलविदा कहा जा रहा है
उन स्टाम्प किए खतो को तिज़ोरी में बंद किया जा रहा है

11. सही और ग़लत

ये वो दो शक्स है जिनके बारे में सुना तो है
पर कभी मुलाक़ात नहीं हुई
इन्ही के आधार पर चलती है ज़िंदगी
पर आज तक सही ग़लत की रूलबुक मैंने नहीं पढ़ी
बचपन से ही सही करने की दी जाती है सीख
पर इंसान को तौलने का क्या ये तराज़ू है ठीक ?
यु किसी दिन ग़लत और बहुत ग़लत के रास्ते मिले
तो किसे चुनें?
किसी का ग़लत चुनना शायद उसके लिए ठीक था
किसी का सही जानके भी ग़लत करना शायद उसके लिये सही था
तो आख़िर क्यों हम सही गलत के धागो में उलझे से रहते है
क्या सही और क्या ग़लत
आख़िर करता कौन है इसकी वकालत

12. इंसाफ़ की चीखे

आज हम बात कर रहे है
बात कर रहे है उन हादसों की जो होने नहीं चाहिए थे
बात कर रहे है की कैसे ये दुनिया इतनी अच्छी नहीं , जैसा हमे बताया जाता है
बात कर रहे है की कैसे कुछ लोगो ने चुप्पी का सहारा लेकर इस हादसे को नकारा है
बात कर रहे है की कैसे आज फिरसे अपने अधिकारो के लिए हमे लड़ना पड़ रहा है
अपनी सुरक्षा के लिए चिल्ला चिल्ला कर कहना पड़ रहा है
पर कमाल की बात तो ये है की २०१२ की चीखो के बाद भी आज वही चीखे फिरसे सुनाई दी है
कमाल की बात तो ये है की आज भी हमे चुप्पी का कफ़न ओढ़ने को कहा जा रहा है
भला ये कैसा इंसाफ़ किया जा रहा है....

13. निर्जीव

क्या तुमने कभी सोचा है सजीव-निर्जीव की अवधारणा हमे अंधेरे में रखती है
कैसे हम भौतिक सुखों के पीछे भागते हुए, आज में जीना भूल गए है
निर्जीव बक्सों में स्पानी ख़ुशी घोट कर,इन्ही बक्सों के पीछे सारी जिंदगी निकाल देते
बंगला , गाड़ी , पैसों की यह रेस में क्यों ख़ुद के लिए जीना भूल जाते है
आख़िर क्यों टूटी चीज़ो पे इतने आसु बहते
जब इनमे जान ही नहीं
इन भौतिक सुखों की जब कोई रूह ही नहीं
तो क्यों इसके पीछे मर के बिता दी तूने जिंदगी

14. स्वीकारना

क्या तुम मुझे स्वीकारोगे ?
अगर करते तो शायद मैं ख़ुद से प्यार करना ना भूलती
पर्दे में चुप्पे चहरे के दागो से ना डरती
तुम्हारे स्वीकारने के लिए हज़ारो मुखौटे ना पहनती
तुम्हें मुझे अपने आदर्शों पे तौलने का हक़ किसने दिया
यह इतने पैरामीटर का जाल किसने बनाया
पैसों से इंसान की पहचान नहीं होती
और ना ही एक बच्चे के लिंग से बचपन में ही उसकी रूह चुन्नी जाती
लोगो को बेफ़िज़ुल में तौलते हुए अपने इर्द गिर्द तो देखलेते
शायद फिर अपने आप को दुनिया का शुभ चिंतक ना कहते
अच्छाई का कोई एक मानक नहीं होता
तुम्हारे स्वीकारने - अस्वीकारने से मेरा अस्तित्व नहीं मिटता

15. तुम्हारी सुबह कैसी होती होगी?

तुम्हारे शहर की सुबह कैसी होती है
क्या तुम चिढ़ियो के गानो से उठते हो ?
या शहरी शोर में सूरज की पहली किरण देखते हो?
क्या तुम चाय की चुसकियों के साथ अल्हबार पढ़ते हो?
या हड़बड़ी में हाथ में कॉफ़ी और फ़ोन में खबरे लिए चल देते हो ?
चल देते हो अपने दिन के सफ़र पे
क्या तुम्हारा सफ़र स्कूटर पे ताज़ी हवाओ में निकलता है ?
या फिर लोकल की अफ़रातफ़री में?
कहीं तुम ट्रैफिक की धूल से तो नहीं गुजरते ?
अजीब बात है ना , एक तरफ़ चाय की धीमी चुस्किया है तो दूसरी ओर गर्र गर्र शहरी दौड़ है

16. मेट्रो का सफ़र

माफ़ करना लेकिन मेट्रो का सफ़र बढ़ा डरावना होता है
दिल्ली के ट्रैफिक से छिपकर मेट्रो में तो मैं आ गई
लेकिन इस सफ़र के नज़ारे ना भूल पायी
चढ़ी तो मैं सुकून की येलो लाइन में थी
ठंडी हवा खाते हुए
लेडीज सीट पर गाने सुनते हुए हौज खाज आ पहुची
वहाँ रंगीन पैरो के पीछे टुकुर टुकुर चलते हुए मैजेंटा लाइन में आई
इस लाइन से ज़्यादा शिकायत नहीं मुझे
बस इसके बाद कालकाजी की भीड़ सताती है मुझे
भीड़ में चल वायलेट लाइन तक आना किसी जंग से कम नहीं
और यहाँ ,बचों का शोर , औरतो के बेफ़िज़ुल के आपसीए मसले
आधे घंटे तक मैं सुनती
इस डेढ़- दो घंटे के सफ़र के नज़ारे मुझे हमेशा डराते
पर मुसाफिरों चेहरे बहुत सी कहानिया भी सुनाते
कहानिया रोज़ मरी के दुखों की
तो कभी घर के मसलों की
कभी प्रेम से भरी कहानिया मैं सुनती
तो कभी अजनबियो में इंसानियत देखती
कभी बेतुके झगड़े सुनती
तो कभी सुकून की नींद में सोए बच्चे को देख हस्ती
देखती , समझती और सुनती
की जो इतना सा सफ़र मुझे डरता है
कोई शायद मुझसे लंबा सफ़र कर भी मुस्कुराता है

17. सुकून की खोज

बक्सों में रहने की आदत ही गई है हमे
जालियो के पीछे ऐसी की हवा में बैठना पसंद है हमे
खिड़कियो पर पर्दा डाले फ़ोन की रोशनी में वक्त है हम गुज़ारते
इन बंद कमरों में छत का सुकून हम कहा जानते
तारो की चादर ओढ़
चाँद की रोशनी में सिमटकर सोना अब कहा मिलता है
अँधेरी रात में रात की रानी का इत्र अब कहा महसूस होता है
घंटों बैठ टूटते तारे की खोज कर अब कौन कुछ माँगता है
अगर छत पर बैठ विचार करने के लिए वक्त निकल भी लू
तो भी इन बकसीले घरों में वो सुकून मैं कहा ढूँढू

18. आसरा

क्या तुम भी एक कोने में सिमटते हो ?
इतने बढ़े घर में एक ही जगह पूरा दिन बिताते हो?
क्या तुम भी वही अक कलम और डायरी इस्तमाल करते हो ?
हज़ारो कलम के बीच दुकान में वही अक कलम ढूंडते हो ?
क्या तुम अभी भी सूख दुख में वही एक गाना सुनते हो ?
नई धुनों में पुराने सुकून ढूँडने से कतराते हो?
उन्ही गलियों से गुजरते हो? जो तुम्हारी यादों का ख्याल रखती है
घबराओ मत , नई सड़के तेज़ ज़रूर है , लेकिन तुम रास्ता ढूंड लोगे
नई धुन, नई कलम अलब जरूर है
लेकिन तुम उनमे ढल जाओगे
वो कोना सुकून ज़रूर है ,
लेकिन उसके बाहर की दुनिया इतनी भी बुरी नहीं

19. प्रतिरूप

सुर ,ताल, टूक और प्रतिरूप
कुदरत के हर पहलू में ही ये बसते
पर क्या जरूरी है की हम ऐसे ही चले
सबकी अपनी ताल है
अपने सुर है , तो क्यों सब एक ही खांचे में ढले ?
प्रकृति के तत्वों पर गौर करो
अग्नि कभी एक तरह नहीं जलती
और पानी कभी एक जैसे ढलता नहीं
पृथ्वी प्रतिरूप में नहीं उमड़ती
और वायु हमेशा एक स्वर में नहीं चलती
आकाश भी वक्त के साथ थी बदलती
जब इन तत्वों का कोई एक रूप नहीं
तो हम इंसानों की चाल , ढाल , विचार , पसंद आग क्यों नहीं हो
सकती

20. आईना

क्या तुमने सोचा है की यह आईना ,
जिसमे रोज़ तुम अपनी छवि देखते हो
कि ये क्या देखता होगा
जब तुम बचपन में इसे देख अपने टूटते दाँत गिनते थे
तब यह तुम्हारी मासूमियत निहारता था
वो खिलती हसी, उत्सुक आँखे देख वह चमक उठता था
जब तुम कुछ बढ़े हुए ,
तो तुम अपने आप को बदलते देख खामिया खोजते
तब यह तुम्हें , तुम कितने खूबसूरत हो यह दिखाने की चाह रखता
जब तुम इसे देख काजल लगाये , झुमके पहन इठलाते
तो ये तुम्हारी ख़ुशी से झूम उठता
जब तुम बूढ़े होजाओ तो भी तुम्हारी झुरिया नहीं छिपाता
लेकिन तुम्हारे तजुर्बे की दाद देता
यह सच है की आइना तुम्हें दिखता है सचाई
लेकिन इसने हमेशा कोशिश कड़ी है देखने की तुम्हारी अच्छाई

21. मैं

मैंने कविताओं को नहीं, पर इन्होंने मुझे अपनाया था
दुनिया की समझ थी नहीं लेकिन था लिखने का जज़्बा
टूटे फूटे बोल जोध के लिखना शुरू किया
किसी ढांचे में सिमटने के लिए नहीं
किसी तारीफ़ के लिए नहीं
पर अपनी गति से समझते बुझते ख़ुद के लिए लिखा
इनमें गलतिया भी है , नदानिया भी है और थोड़ी सी मैं भी हूँ
मैं , जो थोड़ी सी पुराने ख़यालात की हूँ
मैं, जो आज भी हूँ
मैं, जो लिखने से कभी डरती भी हूँ
मैं, जो इन कविताओं में छुपी भी हूँ

www.ingramcontent.com/pod-product-compliance
Lightning Source LLC
LaVergne TN
LVHW022033200926
848481LV00007B/2670
9798900812809